Pinacoteca Giovanni e Marella Agnelli

OMAGGIO A
GAE
AULENTI

Corraini Edizioni

OMAGGIO A GAE AULENTI
16 aprile 2016 - 28 agosto 2016
Pinacoteca Giovanni e Marella Agnelli

A cura di / Curated by
Nina Artioli

Direzione della Mostra / Director of the Exhibition
Marcella Pralormo

Progetto di allestimento / Exhibition Design
Marco Palmieri

Immagine di Comunicazione / Communication Design
T SPOON

Segreteria Organizzativa presso la Pinacoteca Agnelli /
Organisation in Pinacoteca Agnelli
Emma Roccato
Anna Follo

Segreteria Organizzativa presso l'Archivio Gae Aulenti /
Organization at Archivio Gae Aulenti
Paola Durazzo

Inventario dell'Archivio Gae Aulenti / Inventory of the
Archivio Gae Aulenti
Francesco Samassa

Amministrazione / Administration
Mara Abbà

Ufficio Stampa / Press Office
Carola Serminato

Social Media & Communication
Anna Follo

Corporate Development Consultant
Paolo Landi

Attività educative / Educational activities
Ersilia Rossini, Marta Di Vincenzo

Realizzazione Allestimento / Display Production
Pac Team Expo Srl

Video della mostra / Videos
Odino Artioli

Trasporti / Transports
Arterìa

Assicurazione / Insurance
Axa Art

Sponsor
martinelli luce

Sponsor Tecnico / Technical Sponsor
AXA ART
redefining / art insurance

Media Partners
LA STAMPA   Living   Rai Radio 3

Con il patrocinio / With the patronage of
CITTÀ DI TORINO

Un vivo ringraziamento all'Archivio Gae Aulenti e in particolare a Giovanna Buzzi e a Nina Artioli / A warm thank
you to Archivio Gae Aulenti and in particular to Giovanna Buzzi and Nina Artioli

Grazie per l'aiuto a / Thank you to
Giovanni Agosti

Gae Aulenti è sempre stata vicina ai nostri fondatori Giovanni e Marella Agnelli, con cui è nato un rapporto di amicizia e di lavoro che si è consolidato nel corso di tutta la loro vita. Ci sembrava quindi necessario e opportuno ricordarla qui, a quasi quattro anni dalla sua scomparsa. Da un dialogo con Nina Artioli, nipote dell'architetto, è nata l'idea di rendere omaggio a Gae Aulenti partendo dalla "casa-studio", l'archivio ricchissimo, appena riordinato, che si trova a Milano, in zona Brera. È lo spazio che raccoglie tutto il lavoro e il pensiero di Gae Aulenti, ed è un luogo vivo ancora oggi, perché la sua famiglia lo custodisce e lo valorizza. Un posto pieno di libri, di ricordi del suo lavoro, di modelli e progetti, e dei suoi viaggi, di fotografie, di oggetti disegnati da lei. Un luogo che testimonia inoltre i rapporti di amicizia e di stima che Gae aveva avuto con tanti artisti e intellettuali: ci sono quadri di Boetti, di Warhol, di Tàpies, di Christo, di Pericoli e di tanti altri, molti con dediche personali e affettuose. Mostrare Gae Aulenti è una sfida non da poco: ha prodotto talmente tanto e di generi talmente diversi che operare una selezione non è stato facile. Con Nina Artioli, curatrice della mostra, abbiamo deciso di creare un percorso attraverso sale tematiche che facciano percepire i vari aspetti del suo lavoro e l'originalità della sua personalità, alla ricerca di un dialogo costante tra le arti. Sono esposti oggetti di design, come le bellissime lampade per Martinelli Luce, ma anche progetti museali: Palazzo Grassi, Orsay e San Francisco; le scenografie per gli spettacoli teatrali di Ronconi, i progetti privati come la Casa del collezionista e lo chalet a Sankt Moritz. E inoltre i progetti pubblici, come Piazzale Cadorna. Non mancano infine i suoi ultimi lavori, come l'aeroporto di Perugia e Sant'Agostino a Modena.

Ci auguriamo che questa mostra offra ai visitatori un punto di vista diverso, più intimo e personale, della vita e del lavoro di Gae Aulenti. Il suo Archivio ha infatti permesso di rintracciare materiali inediti e scatti fotografici privati che raccontano la sua figura e il suo lavoro in un allestimento tematico e narrativo ideato da Marco Palmieri.

Ringraziamo in special modo l'Archivio Gae Aulenti e Nina Artioli per la disponibilità, la generosità e la cura con cui si sono dedicati a questo progetto e tutti coloro che hanno reso possibile la realizzazione della mostra con il loro sostegno e con il loro lavoro.

Ginevra Elkann
Presidente Pinacoteca Giovanni e Marella Agnelli

Marcella Pralormo
Direttrice Pinacoteca Giovanni e Marella Agnelli

Gae Aulenti was always close to our founders Giovanni and Marella Agnelli, with whom she shared a personal and work relationship which grew stronger throughout their lives. Almost four years after her passing, we thought remembering her here was not only necessary but important. From a conversation with Nina Artioli, the architect's granddaughter, came the idea to pay tribute to Gae Aulenti, starting with her "studio-house", the very rich archive, recently reorganised and housed in Milan, near Brera. It is home to Gae Aulenti's entire work and thought, and is still alive today, maintained and promoted by her family. A place full of books, memories of her work, blueprints and projects, and of her travels, of photographs, of objects she designed. A place also bearing testimony to Gae's personal relationships with the many artists and intellectuals she admired: there are paintings by Boetti, Warhol, Tàpies, Christo, Pericoli and others, many with personal and affectionate inscriptions.

Exhibiting Gae Aulenti is no effortless challenge: she produced so much and spanning so different genres that making a selection was not easy. Together with Nina Artioli, curator of this exhibition, we decided to create an itinerary based on thematic rooms that cast a light on all the aspects of her work, and her unique personality, constantly searching for a dialogue between the arts. Design objects, like the beautiful lamps for Martinelli Luce, but also museum designs are on display: Palazzo Grassi, Orsay and San Francisco; the set designs for Ronconi's plays, private projects like the Collector's house and the chalet in Sankt Moritz. And also public projects, like Piazzale Cadorna. Finally, there are her last works, like Perugia airport and Sant'Agostino in Modena.

We hope this exhibition can offer visitors a different point of view, a more intimate and personal one, on Gae Aulenti's life and oeuvre. Her Archive has indeed revealed unknown materials and private snapshots which show her personality and work in a thematic and narrative display designed by Marco Palmieri.

We are particularly grateful to Archivio Gae Aulenti and Nina Artioli for the cooperation, generosity and attention they devoted to this project, and to all whose help and efforts made this exhibition possible.

Ginevra Elkann
President Pinacoteca Giovanni e Marella Agnelli

Marcella Pralormo
Director Pinacoteca Giovanni e Marella Agnelli

La prima domanda a cui vorrei che questa mostra rispondesse è: ma chi era
Gae Aulenti? Un architetto, senza alcun dubbio; ma anche una designer,
una scenografa, una progettista, una curiosa, una fumatrice, una donna, una lettrice
instancabile, una nonna, una viaggiatrice.
Di lei sappiamo che è stata l'architetto che ha trasformato la Gare d'Orsay in uno
tra i più famosi musei d'arte del mondo, che ha disegnato la lampada *Pipistrello*
e ha progettato Piazzale Cadorna a Milano. Ma questo è solo un effetto, il risultato
finale, di quello che era Gae.
Quando è scomparsa eravamo a Milano, seduti nel soggiorno di quella che dal 1974
in poi è stata la sua casa-studio. Siamo stati subito sicuri di una cosa, che quel luogo
non sarebbe dovuto cambiare. Raccontava Gae come nessun'altra persona avrebbe
saputo fare: c'erano tutti i suoi libri sistemati in lunghe librerie a suddivisione delle
zone della casa, le lampade e i prototipi di molti dei suoi progetti di design, le opere
di amici con i quali aveva collaborato o degli artisti per i quali aveva allestito mostre
e che con lei avevano instaurato un rapporto speciale. Tessuti e oggetti provenienti
dai viaggi, campioni di grandi rose di stucco per i restauri, mappe tridimensionali dei
pescatori delle Isole Marshall, e moltissime altre cose che ancora devono svelarci la
loro storia. Una vera e propria stratificazione delle tracce del suo ricco percorso culturale,
personale e professionale. Un luogo così andava valorizzato ed è stato deciso di farlo
diventare la sede dell'Archivio Gae Aulenti, uno spazio dove poter consultare i suoi
progetti e contemporaneamente immergersi tra le preziose testimonianze della sua vita.
Da lì è cominciato un lavoro durato due anni in cui, con il prezioso e indispensabile
aiuto di Francesco Samassa, abbiamo riordinato più di 60 anni del lavoro di Gae
Aulenti, dal 1953, anno in cui si è laureata, al 2012, anno in cui è scomparsa. Sono
stati due anni di scoperta, un curioso viaggio tra più di 700 progetti di ogni genere,
dai primi schizzi a mano per gli oggetti di design, alle centinaia di tavole scritte in
giapponese per l'Istituito Italiano di Cultura a Tokyo, passando attraverso gli spartiti
musicali commentati a margine per le scenografie teatrali e agli appunti delle riunioni
con gli operai delle 150 ore per il Laboratorio di Progettazione di Prato.
Questa mostra "Omaggio a Gae Aulenti" non vuole essere una mostra scientifica,
non vuole raccontare la sua produzione in modo esaustivo. A quattro anni dalla sua
scomparsa è arrivato il momento di ricordare chi è stata Gae Aulenti. Attraverso un
luogo che per l'occasione diventa chiave di lettura: la sua casa-studio, oggi Archivio
Gae Aulenti, il visitatore sarà introdotto nel mondo di Gae. Una panoramica
attraverso alcuni tra i progetti, gli oggetti, le opere e i disegni più rappresentativi,
a testimonianza dei luoghi, dei tempi e delle persone che hanno reso Gae Aulenti
l'architetto che oggi vogliamo ricordare.

BOUTIQUES

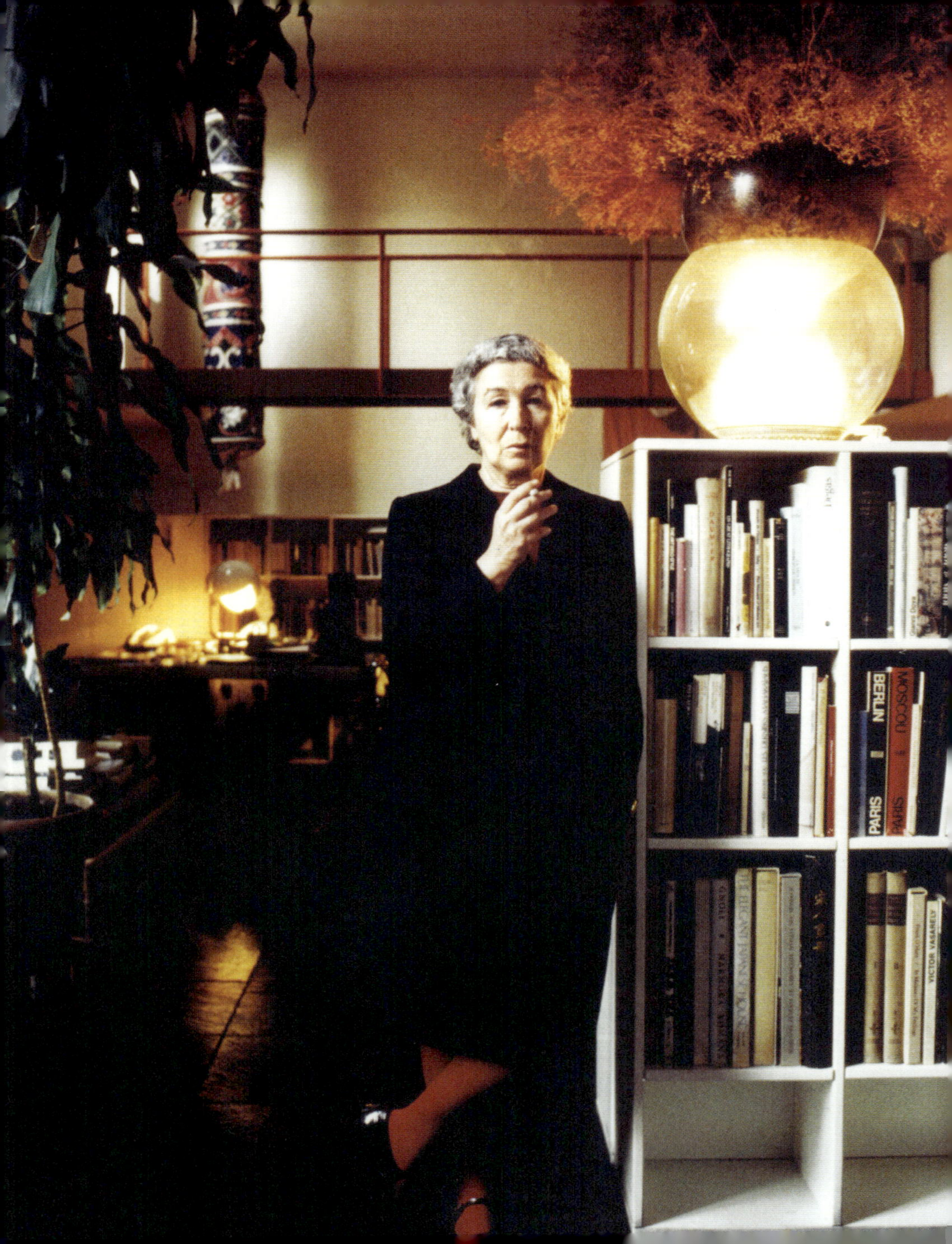
BERLIN
PARIS
MOSCOU
PARIS
VICTOR VASARELY

The first question I would like to see addressed by this exhibition is: who was Gae Aulenti? She was an architect, no doubt; but also, an object designer, a set designer, a designer, an inquisitive person, a smoker, a woman, a tireless reader, a grandmother, a traveller.

We know of her that she was the architect who turned Gare d'Orsay into one of the most famous art museums in the world, who designed *Pipistrello* table lamp and Piazzale Cadorna in Milan. However, all these are just the consequences, the ultimate result of who Gae really was.

When she passed away, we were sitting in the living room of the residence in Milan that had been her house and studio since 1974. From that very moment, we were determined to leave that place right as it was.

It told so much about Gae, and it did so better than anyone else could: all her books were there, placed on long bookshelves partitioning the different house areas; there were her lamps and the prototypes of many objects she had designed, and art pieces by friends she had worked with, or by artists she had designed exhibitions for and who had established a special connection with her. There were fabrics and objects she had brought back from her travels, samples of large plaster roses for restoration works, fishermen's three-dimensional maps from the Marshall Islands, and so many other things that have not disclosed their story yet. It was a real sedimentation of her rich cultural, personal, and professional path. Such a place had to be made the most of, so it was agreed that it was to house the Archivio Gae Aulenti, a place where people could study her designs and dive into her life's precious traces at the same time.

From that moment onwards we have worked for two years and reconstructed, thanks to Francesco Samassa's precious and fundamental help, more than 60 years of Gae Aulenti's work, from 1953, when she graduated from university, to 2012, when she passed away. These two years have been a never-ending surprise, a curious voyage among more than 700 designs of every kind, spanning from her first, hand-drawn sketches for design objects, to the hundreds of Japanese-written plates for the Istituto Italiano di Cultura in Tokyo, through the margin-commented musical scores from the sets she had designed, and the notes she took when she met with the 150 hours workers at Laboratorio di Progettazione in Prato.

This exhibition, "Omaggio a Gae Aulenti", is not intended to be a scientific exhibition, as it is not meant to reconstruct her work exhaustively. Four years have passed from her demise, and the time has come to remember who Gae Aulenti really was. Through a place that turns specially into an interpretation key of her life: her house and studio, now Archivio Gae Aulenti, where the visitor is introduced to Gae's world. An overview through some of her most significant projects, objects, works and designs, to remind us of the places, times, and people that made Gae Aulenti the architect we remember today.

Credo che l'immagine più adatta per definire
l'idea di una casa sia quella della tana.
È il luogo dell'intimità. Il riparo primo, il luogo
dell'introspezione. Il che non vuol dire che sia
un luogo tranquillo. È il posto delle inquietudini,
non soltanto della salvaguardia, dove ci si difende
e ci si isola dagli altri, ma dove ci si confronta
con noi stessi. La casa rassicura e spaventa allo
stesso tempo perché consente l'introspezione
che è necessaria alla conoscenza, ma propone
anche l'inquietudine di non saper arrivare
alla conoscenza.

*I think the image that best describes the idea of a
home is that of a lair. It is the place of intimacy.
The first shelter, the place of introspection. This does
not mean it is a peaceful place. It is the place of
restlessness, not only of protection, where we can
defend ourselves and isolate from the world, but
where we confront ourselves. The home reassures
and scares at the same time because it facilitates
the introspection that is necessary for knowledge,
but it also raises the fear of not being able to reach
such knowledge.*

I LUOGHI DI GAE
GAE'S PLACES

I ricchi cambiano spesso gli interni delle loro case. Degli spettacoli, una volta smontati, salvo casi più unici che rari, le scenografie vengono distrutte. Gli allestimenti delle mostre si smontano e quelli dei musei non sono *ne varietur*. E così tanto del lavoro di Gae Aulenti resta confinato alla documentazione fotografica o ai ricordi di chi ha avuto la possibilità di assistere a quelle rappresentazioni, di frequentare quelle abitazioni, di visitare quelle sale.

Esiste però un luogo, superstite e sostanzialmente intatto, che risulta cruciale per ricostruire il senso di un'operosità decennale, toccata dalle giravolte della storia ma non succube alle tirannie della moda. La casa milanese della Gae, passante tra piazza San Marco e via Fiori Oscuri, è stata molto più che una residenza. Lo studio era lì, al di là della porta del salotto (ammesso che un sostantivo del genere definisca correttamente quello spazio), a indicare una contiguità di esperienze: le sue ridotte dimensioni hanno rappresentato il segno – anche nel momento dei massimi riconoscimenti – della volontà di non compiere un salto di scala, ma di mantenere una dimensione domestica al lavoro.

Il ricordo affettuoso nella Torino di oggi, in un luogo segnato da uno dei committenti principali della Gae, dà la possibilità – per un istante lungo qualche mese – di entrare in quegli spazi domestici. Non per conoscere un'antologia di capolavori ma per verificare catene e analogie e amicizie tra le cose che stanno alle origini delle ispirazioni. La continuità tra una ceramica popolare sudamericana e una famosa lampada in plastica, il *Rimorchiatore* del 1967, come va intesa? Cosa viene prima e cosa dopo? C'è solo il pop di *Yellow Submarine* dietro quelle forme? O anche altro? Gli oggetti stanno muti sulle mensole bianche e non c'è la Gae a dare una risposta: ma, ci scommetto, sarebbe stata elusiva. Magari un sorriso: non un sì o un no.

Di certo, quando dalla stanza da letto della Gae si andava in quella dove a lungo aveva abitato sua madre, verso la zona, affacciata sul cortile settecentesco, dove stava sua sorella Olga, il brusco cambio delle quote dei soffitti, prima alti, poi bassi, poi alti di nuovo, diversi insomma a ogni passaggio tra un ambiente e l'altro, sembrava all'origine dei memorabili cambi d'ambiente che avevano caratterizzato *Le baccanti* messe in scena a Prato, nel 1978, insieme a Luca Ronconi. Lì nell'orfanotrofio dismesso si entrava in una stanza e quando si ritornava in quella precedente, come per un sortilegio, non era più la stessa; un passaggio importante per la mia vita, non solo di spettatore. Nella casa di Milano, varcate le porte dei bagni, davanti alle vasche bianche, quante volte mi sono chiesto se alla Gae non fosse venuta da lì l'idea delle vasche felici per gli ospiti dell'Albergo del Giglio d'Oro nel *Viaggio a Reims*. E le piastrelle bianche che danno vita a reticoli degni di un foglio immacolato di carta a quadretti stanno alle origini dei muri della macelleria dell'*Elektra* alla Scala? Ma le associazioni potrebbero continuare su e giù tra le passerelle metalliche color minio gettate come ponti negli angoli della casa di Milano: a che spettacolo sono servite? Per quale spettacolo, di là, serviranno?

Rich people change their home interiors often. Once taken down, set designs are destroyed, with very few exceptions. Exhibition displays are dismantled and museum ones are no *ne varietur*. And so, much of Gae Aulenti's work is confined to photographic documentation or to the memories of those who had the chance to attend those performances, frequent those homes, visit those museum rooms. There is however a place, surviving almost intact, which is crucial to reconstruct the meaning of decades of her work, touched by the turns of history yet not swayed by the tyranny of fashion. Gae's house in Milan, extending between piazza San Marco and via Fiori Oscuri, was much more than a place to live. Her study was there, behind the sitting room door (supposing such a term can define that space correctly), as though to suggest contiguous experiences: its small size stood for her intention not to make a leap of scale – even when she received the highest acclaim, but to maintain a domestic dimension in her work. The affectionate tribute paid by present-day Turin, a place marked by one of Gae's main patrons, offers the chance to walk into those domestic spaces – for a moment that lasts a few months. Not to see an anthology of masterpieces, but to recognise chains and analogies and friendships between the things her inspiration stemmed from. The connection between a piece of South-American folk pottery and a famous plastic lamp, 1967. *Rimorchiatore*, how are we to understand it? What comes before and what after? Is there only *Yellow Submarine* pop style behind those shapes? Or is there more? The objects are standing silent on the white shelves and Gae is no longer here to answer: but, I bet, she would have been elusive. Perhaps smiling: neither a yay nor a nay. Sure, when going from Gae's bedroom into the one her mother had long lived in, towards the area overlooking the 18th-century courtyard where her sister Olga was, the sudden change of height in the ceilings, first high, then low, then high again, different at every passage from one room to the next, seemed to have inspired the memorable changes of sets in *The Bacchae* staged in Prato together with Luca Ronconi in 1978. There, in the abandoned orphanage you walked into a room and when you returned to the previous one, it was no longer the same, as if by sorcery; an important moment in my life, not only as a spectator. In her Milan home, crossed the bathrooms doors, facing the white bath tubs, so many times I wondered if Gae had not got from them the idea of the happy tubs for the guests of the Albergo del Giglio d'Oro in *Il viaggio a Reims*. And the white tiles giving life to grids worthy of an immaculate squared sheet of paper, have they inspired the walls of the butcher shop in *Elektra* at La Scala? But associations could go on, up and down the red lead metallic gangways built like bridges in the corners of the house in Milan: what play were they used for? What beyond play will they be used for?

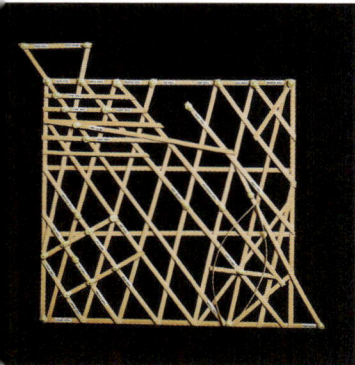

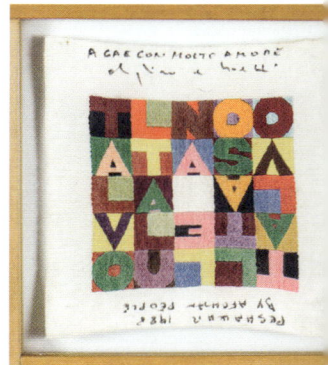

Andare ospite da Gae a Santa Cristina del Diavolo, vicino a Gubbio,
era la vacanza importante.
Mi sentivo apprezzata, a mio agio, divertita, sollecitata a non sparire
in passeggiate silenziose.
Gae con il suo desiderio di capire, di conoscere e di trovare il significato degli
avvenimenti trasforma ogni minuto e ogni occasione in qualcosa. È curiosissima
con un carico di esperienze profondo.
Non c'è separazione tra i fatti, piuttosto si cercano i legami con racconti,
chiacchiere, discussioni certe volte anche brusche. Il posto invita a fantasie
e fermenti, infatti circola un generoso senso di possibilità.
Questo casolare rustico di campagna le arriva in regalo, una sorpresa fuori mano
per Milano, complicato da raggiungere nel paesaggio dell'Umbria arcaica
e abbandonata. Con curiosità sperimentale decide di metterlo a posto
per provare a viverlo.
È un insieme di vari piccoli edifici che scendono lungo il dorso della collina.
Ultima una torre quadrata con la scala esterna che sale alla camera con piccole
finestre per ogni lato. Secondo me il colore e le proporzioni hanno un carattere
essenziale in accordo con le colline giottesche di questa Umbria solitaria.
Finiti i lavori di struttura, messi i mobili di cipresso levigato, sistemate le luci
per leggere, portate certe stoffe di cotone e curato il set da tavola, guarda al
giardino, cioè al fuori che inizia a riprendere forma con le balze restaurate, l'oliveto
rinnovato seguendo un allineamento costante e il porticato protetto da alcune siepi.
Poi arriva l'orto, tre muretti in pietra, la serra e altri fatti prettamente giardineschi.
Presto l'insieme diventa un luogo di vitalità fantasiosa, accogliente. Gli amici
prendono l'abitudine di tornare ogni anno.
I cipressi cresciuti segnano il pendio, le balze, il controcampo della valle che
laggiù si apre nella pianura; entrano nell'inquadratura delle finestre.
Gae ha distribuito fatti semplici osservando i sorprendenti cambiamenti della
vegetazione. Non ottiene però le belle fioriture, i colori intensi che ha visto in
alcuni giardini. Il pensiero del giardino la intriga, si documenta, cerca in *Modern
Nature* di Derek Jarman, rilegge *La metamorfosi delle piante* di J.W. Goethe.
A Santa Cristina riesce a esaudire il desiderio di giardino con pochi vasi e grandi
conche di limoni che nell'inverno sono custoditi nella trasparente serra di vetro.
Gli spazi, le proporzioni si equilibrano con la forma e le dimensioni del paesaggio
che circonda e arriva tra le pareti e le scale del casolare. L'atmosfera è magica.
Il paesaggio è giardino; il giardino è andato audacemente oltre i confini convenuti.

Being Gae's guest in Santa Cristina del Diavolo, near Gubbio, was the special holiday. I felt appreciated, at ease, amused, and prompted to not disappear in silent walks. With her desire to understand, know and find the meaning of events, Gae turns each and single moment and occasion into something. She is very curious, carrying a heavy baggage of experiences. There is no separation between the facts, we rather look for a connection between the stories, chats, discussions, at times even rough. The place conjures fantasies and turmoil, oozing with a generous sense of possibility. This countryside rustic farmhouse was given to her, a surprise far from Milan, difficult to reach as it is nestled in the landscape of ancient and forsaken Umbria. With experimenting curiosity, she decided to remodel it to try and live in it. It is a group of several small buildings descending along the ridge of a hill. On the top, there is a square tower with an external staircase going up to the room, and small windows on each side. I think colour and proportions are an essential character attuned to the Giottesque hills of solitary Umbria. Once the structural work is done, the polished cypress furniture put in place, the reading lights installed, certain cotton fabrics have arrived, and the table set is taken care of, she then focused on the garden, that is the outside slowly coming into shape with its ledges restored, the olive grove renewed following a constant alignment, and the portico screened with hedges. Then comes the vegetable garden, three stone low walls, the greenhouse and other garden-related matters. Soon all this becomes a place of imaginative, welcoming vitality. Friends start coming back year after year. Fully grown cypresses marking the hill side, the valley backdrop opening up on the plain in the distance are all part of the scene framed by the windows. Gae arranged simple things as she observed the vegetation amazingly change. However, she could not get the lovely blooming, the bright colours she had seen in some gardens. The thought of the garden intrigued her, she did her research, looked into *Modern Nature* by Derek Jarman, read over J.W. Goethe's *Metamorphosis of Plants*. In Santa Cristina she was able to fulfil her garden lust with few flower pots and large basins of lemons, which in winter are stowed in the glass green house. Spaces, proportions are harmonised with the shape and size of the surrounding landscape that reaches the walls and stairs of the farmhouse. The atmosphere is one of magic. The landscape has become the garden; the garden has audaciously gone beyond its established confines.

Qualunque oggetto dell'uomo, monumento
o tana, non può eludere il suo rapporto con la
città, luogo di rappresentazione della condizione
umana; la sua analisi è quindi possibile solo
se si può definire l'oggetto, forma discontinua
dell'insieme: se si può dimostrare in che modo
esso vi trovi il suo posto e la sua legge di
apparizione. L'esistenza dell'oggetto si precisa
nelle positive condizioni di un suo rapporto con
la città, cioè nelle relazioni che si stabiliscono
tra processi economici e sociali, forme di
comportamento, sistemi di norme, tecniche,
caratteristiche.

Any object man owns, be it monument or lair,
cannot elude its relationship with the city, the place
representing human condition. Thus it can only be
analysed if one can define the object, a discontinuous
form of the whole: if one can demonstrate in what
way it can find its place and law of appearance.
The object's existence is clarified by the positive
conditions of its connection to the city, that is the
relations established between economic and social
processes, forms of behaviour, systems of rules,
techniques, characteristics.

IL DESIGN E GLI SHOWROOM
DESIGN AND SHOWROOMS

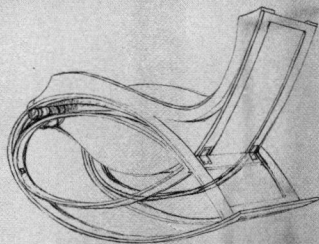

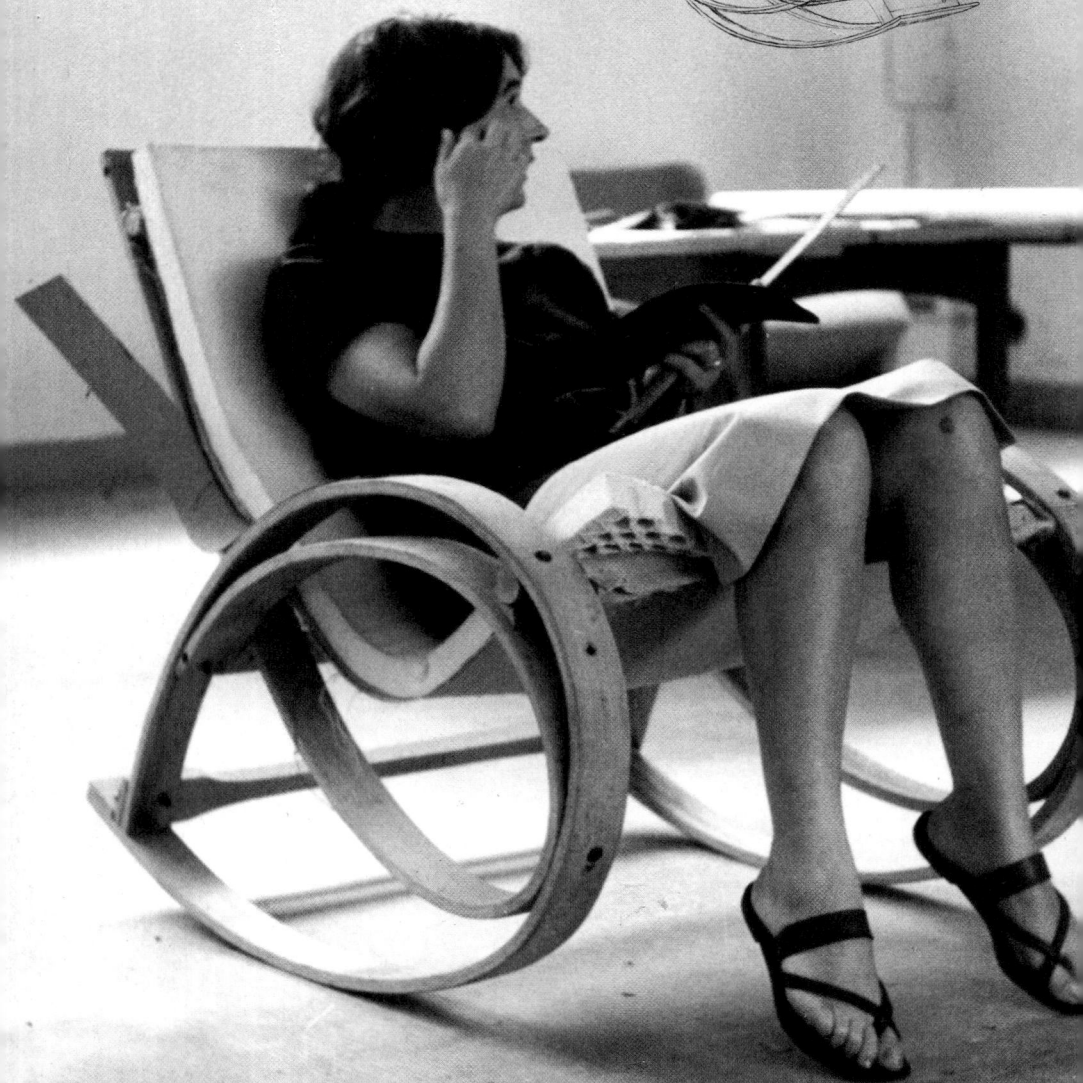

PIPISTRELLO / 1966
lampada da terra o da tavolo *floor lamp or table lamp*

Negli anni '60 Gae Aulenti realizza
due showroom per Olivetti, tra i
primi progetti importanti di respiro
internazionale. Il disegno per Parigi,
la *piazza d'Italia*, costituita da elementi
come scale e gradinate, evidenzia
la concezione fortemente architettonica
dello spazio espositivo.

In the 60s Gae Aulenti designs two
showrooms for Olivetti, one of the first
major projects of international scope.
The design for Paris, the *piazza d'Italia*,
composed of elements such as stairs and
steps, highlights the strong architectural
conception of the exhibition space.

Le lampade *Pipistrello* e *King Sun* non
nascono come prodotti per il mercato,
ma si definiscono come forme destinate
a sottolineare lo spazio degli showroom
Olivetti, rivelando un approccio che
non rinuncia mai al confronto con il
contesto, nemmeno nel disegno di un
piccolo oggetto.

The *Pipistrello* and *King Sun* lamps are
not defined as products for the market,
but are designed as shapes intended
to emphasize the space of the Olivetti
showrooms, revealing an approach that
never gives up comparison with context,
even in the design of a small object.

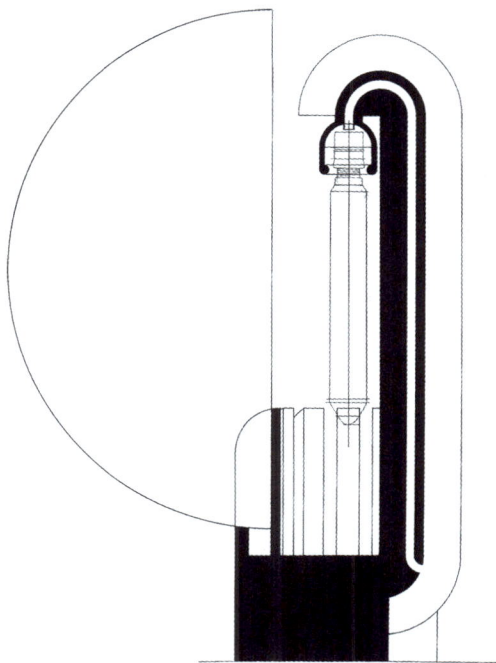

SHOWROOM OLIVETTI / 1968
BUENOS AIRES

KING SUN / 1967
lampada da tavolo *table lamp*

41

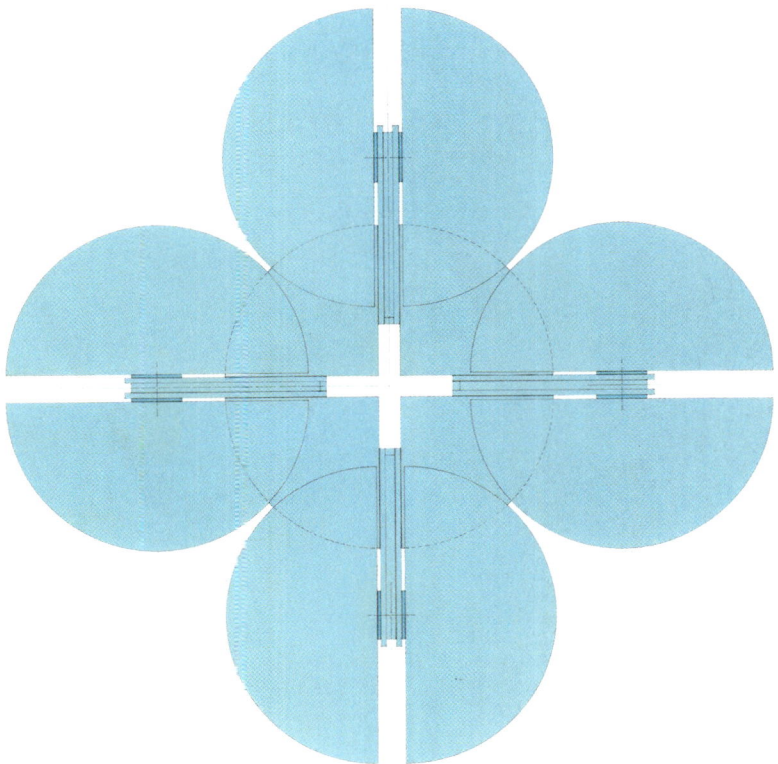

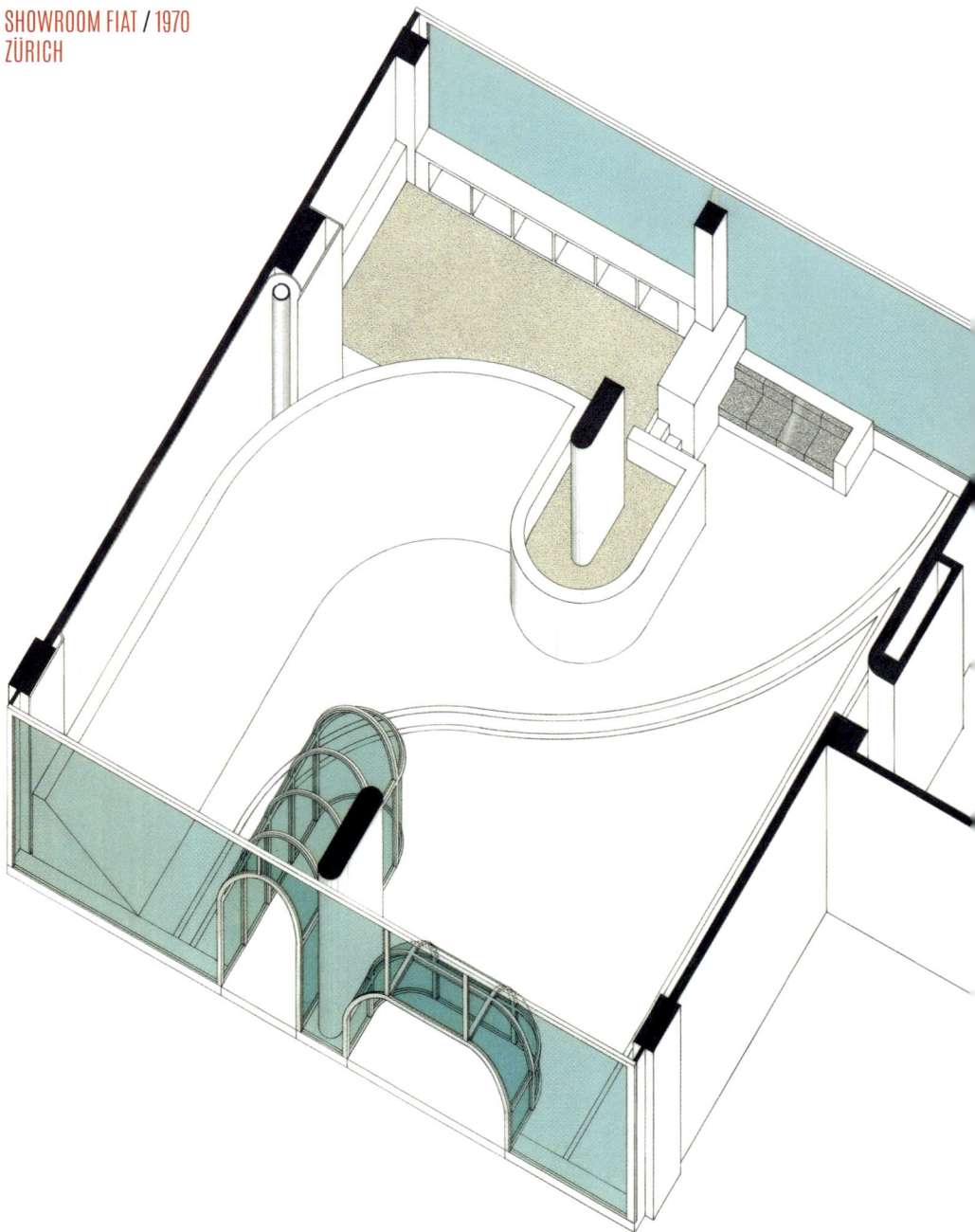

Gae Aulenti avvia con FIAT nel 1968 un'intensa collaborazione in occasione dell'allestimento degli showroom e della presentazione delle nuove vetture in diverse città italiane ed europee (Torino, Roma, Zurigo, Vienna e Bruxelles). Rapporto che proseguirà negli anni, sviluppando insieme alla famiglia Agnelli molti progetti importanti, anche nel campo dell'arte e dell'architettura.

Gae Aulenti starts with FIAT in 1968 an intense collaboration in occasion of the design of showrooms and presentations of the new cars in various Italian and European cities (Turin, Rome, Zürich, Vienna and Brussels). Relation that will continue through the years, developing together with the Agnelli family many important projects, in the field of art and architecture.

L'intento del progetto è quello di creare un rapporto con il visitatore tale da provocare una dinamica di reciproche responsabilità. In questo senso il sistema espositivo non può essere un semplice supporto del materiale da rappresentare, ma deve partecipare ad esso, esserne coinvolto, e insieme, coinvolgere lo spettatore, con chiara volontà. Il percorso è progettato in modo che l'esperienza spaziale, procedendo per amplificazioni e variazioni continue, si sviluppa con forme autonome successive, in pause che liberano lo spettatore alla conoscenza e alla critica.

The purpose of the project is to enable a relationship with the visitor so as to create a scenario of mutual responsibilities. In this sense, the display system cannot be a mere support to showcased material, but it must take part in it, be involved, and together involve the viewer, with a clear intention. The itinerary is designed so as the space experience, by working on amplifications and continuous variations, can develop in consecutive independent forms, in pauses that free the viewer to knowledge and criticism.

GLI ALLESTIMENTI
EXHIBITIONS

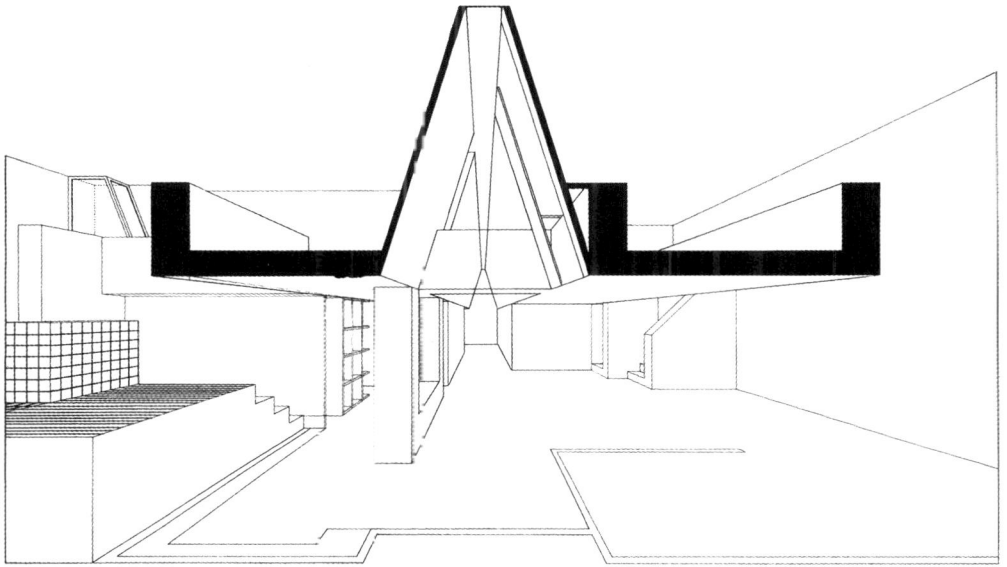

OLIVETTI FORMES ET RECHERCHE / 1969-1971
mostra itinerante *travelling exhibition*

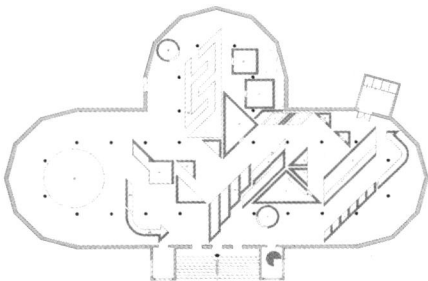

La mostra ha il compito di rappresentare
l'esperienza di un'industria come Olivetti
attraverso la descrizione della sua storia
e delle sue scelte, basate sull'eccellenza
della tecnologia, del design industriale,
delle architetture, sulla socialità, l'arte
e la cultura. L'allestimento si articola
secondo uno svolgimento lungo il quale
il visitatore crea una sua esperienza
fantastica e insieme conoscitiva.

The exhibition represents the experience
of an industry as Olivetti through the
description of its history and its choices,
based on the excellence of technology,
industrial design, architecture and on
sociality, art and culture. The exhibition
is organized according to a development
along which the visitor creates his own
experience, both imaginary and cognitive.

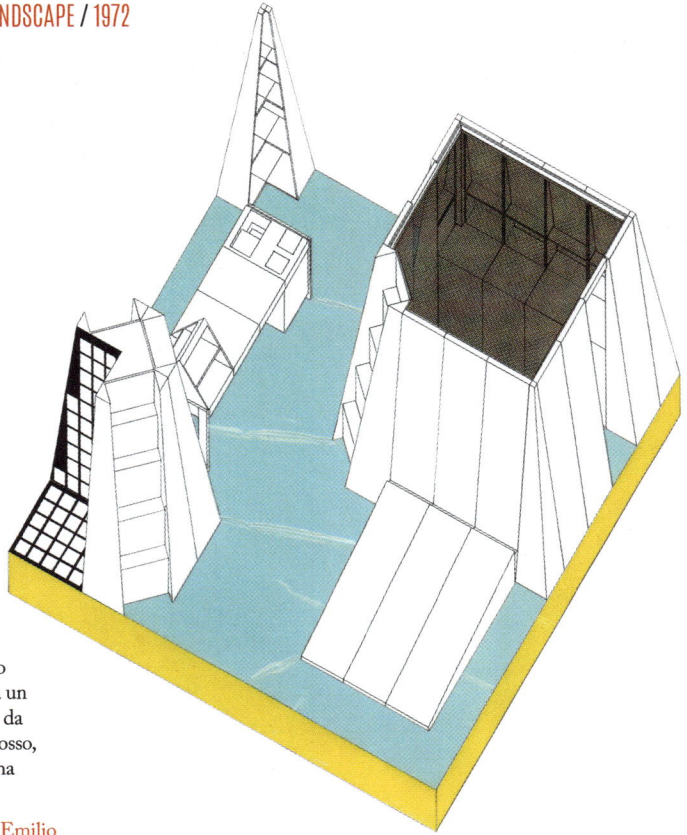

Per la mostra curata da Emilio
Ambasz, Gae Aulenti realizza un
"ambiente spaziale" composto da
volumi elementari, laccati di rosso,
accostati tra loro a generare una
metafora dello spazio urbano.

For the exhibition curated by Emilio
Ambasz, Gae Aulenti designs a
"spatial environment" composed
of elementary red lacquered volumes,
combined together to create
a metaphor of urban space.

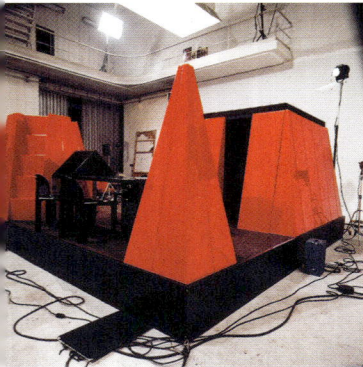
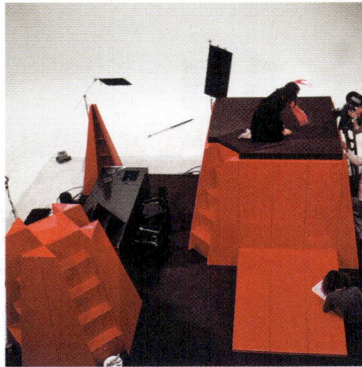

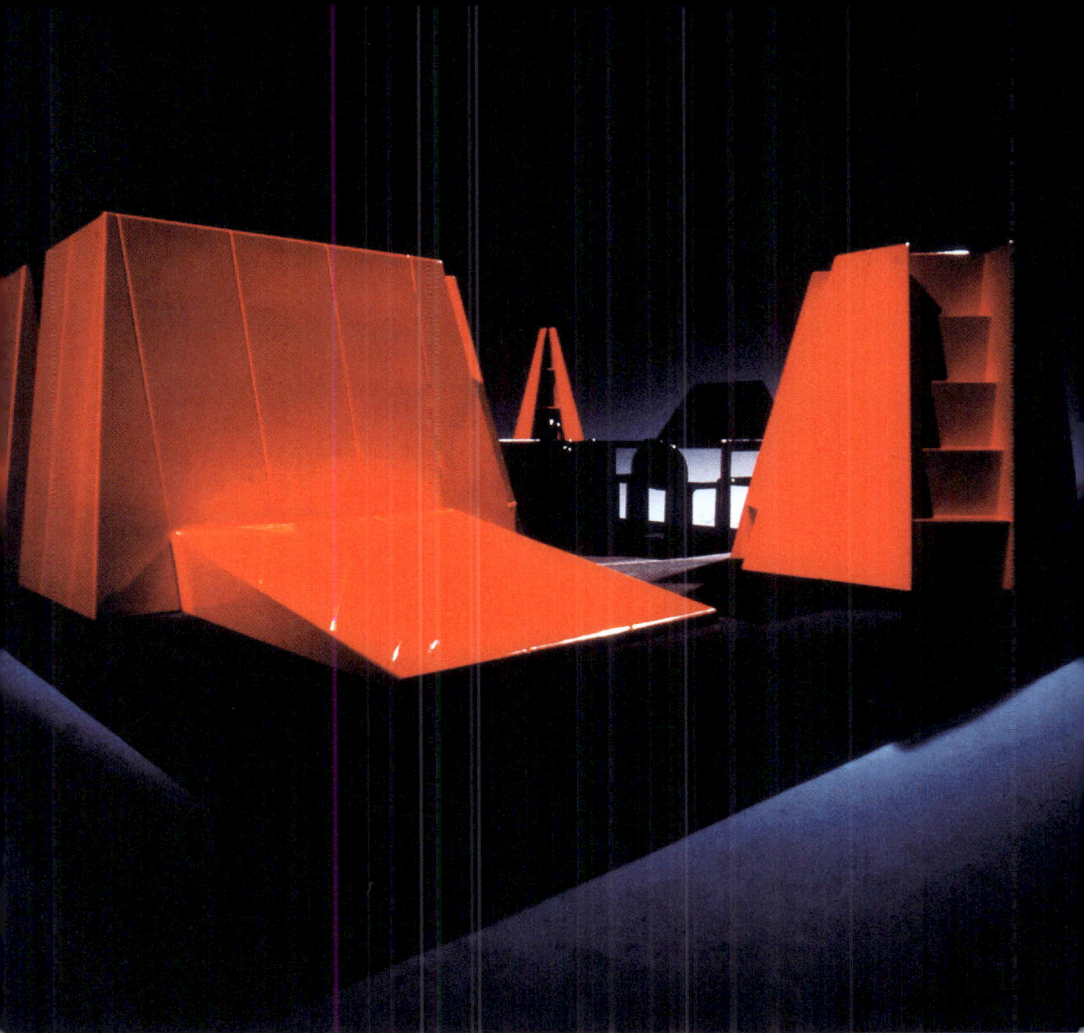

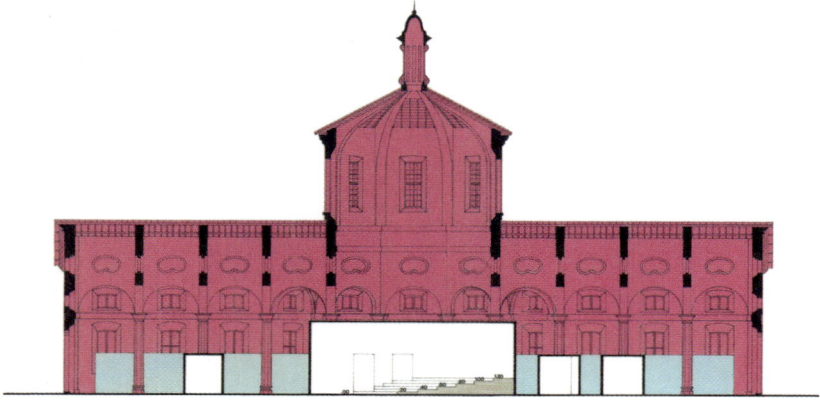

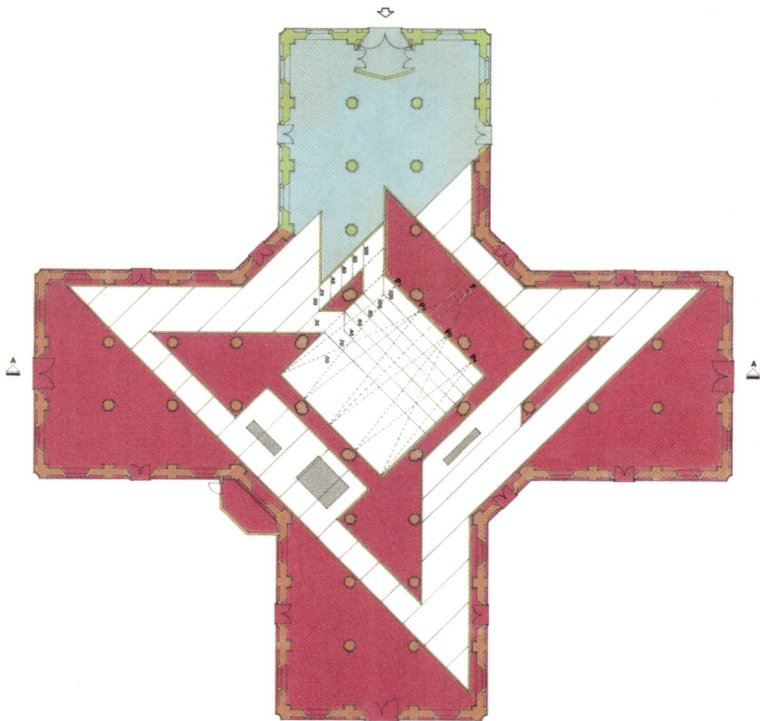

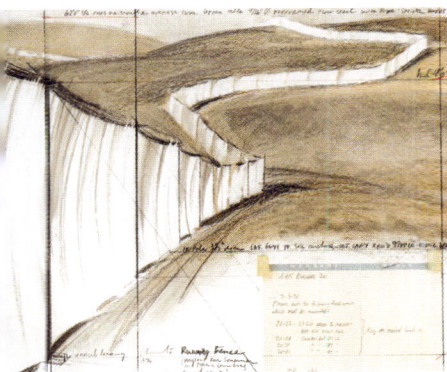

Nel teatro esiste un rapporto tra lo spazio e il tempo, ed è un rapporto primario: la definizione dello spazio teatrale è data dal tempo di azione. Il palcoscenico è un luogo riconoscibile anche se lo spazio teatrale è uno spazio in continua trasformazione e nella scena si sovrappongono elementi riconoscibili e codificabili.
Andare e tornare da un luogo, accessibile – non accessibile.
Stare in un posto, durevole – non durevole.
Essere in un posto in un certo modo, riconoscibile – non riconoscibile.

In theatre there is a space–time relation, and it is a primary relation: the theatrical space is defined by the time of action.
The stage is a recognisable place, even if the theatrical space is constantly changing and recognisable and fixed elements overlap in the scene:
Come and go from and to a place, accessible – non-accessible.
Be in a place, lasting – non-lasting.
Be in a place in a certain way, recognisable – non-recognisable.

IL TEATRO

THEATRE

CALDERÓN / 1977

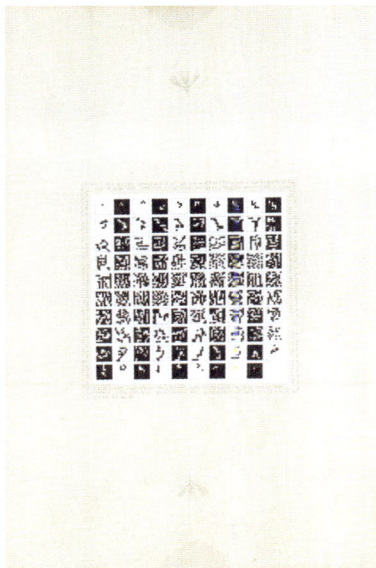

Dal 1976 al 1978 Gae Aulenti partecipa al Laboratorio di Progettazione Teatrale di Prato con la regia di Luca Ronconi. Realizza le scenografie per quattro spettacoli, tra cui *La torre* di Hugo Von Hofmannsthal, *Calderón* di Pier Paolo Pasolini e *Le baccanti* di Euripide per i quali vince il Premio Ubu 1977/1978 per la miglior scenografia italiana. Per l'occasione Alighiero Boetti realizza un'opera dedicata.

From 1976 to 1978 Gae Aulenti participates to the Laboratorio di Progettazione Teatrale di Prato directed by Luca Ronconi. She realizes the set design for four plays, including *La torre* by Hugo Von Hofmannsthal, *Calderón* by Pier Paolo Pasolini and *The bacchae* by Euripides that win the Premio Ubu 1977/1978 for the best italian scenery. For the occasion, Alighiero Boetti realizes a dedicated work.

LA TORRE / 1978

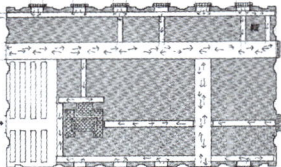 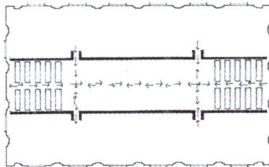

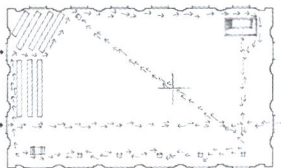 

IL VIAGGIO A REIMS / 1985
TEATRO ALLA SCALA - MILANO

LA FIABA DELLO ZAR SALTAN / 1988
TEATRO ROMOLO VALLI - REGGIO EMILIA

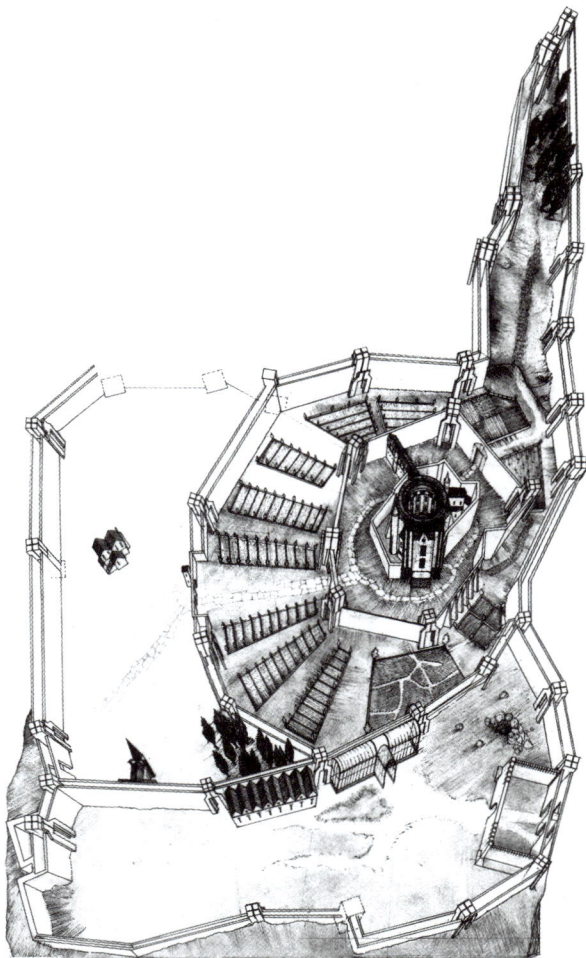

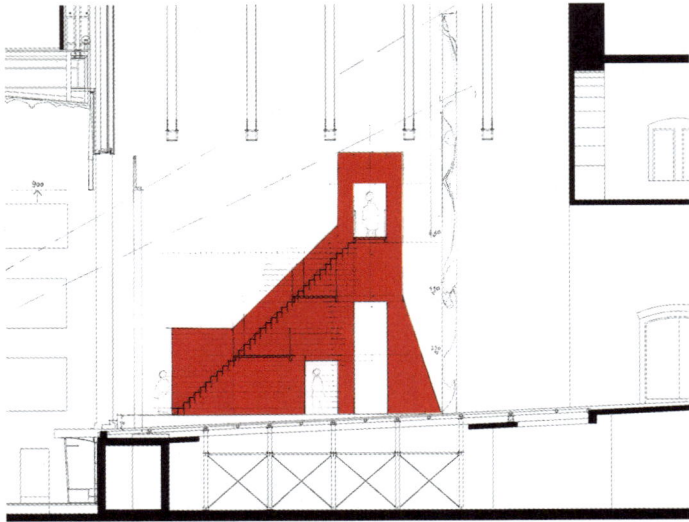

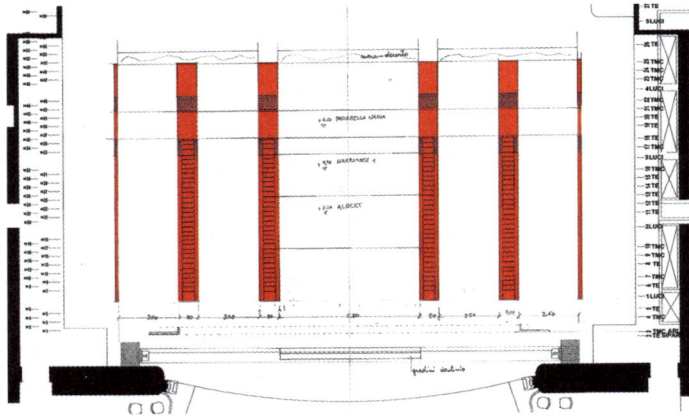

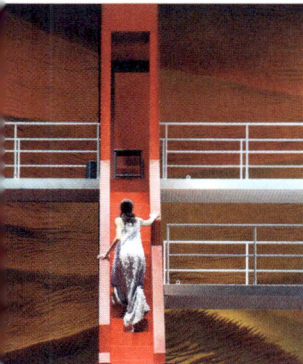

È quello degli architetti un lavoro simile a quello del regista: è la traduzione
in termini spazio-temporali di un pensiero. Anzi di una drammaturgia. Come per
il regista, anche per l'architetto lo spazio è invaso di narrazioni che vanno individuate
e seguite nel loro disordine, per cogliere nei loro incroci, un ordine, una struttura.
Un *cosmos*. L'architetto scrive sul palcoscenico (città, campagna, fabbrica, abitazione
od oggetto che sia) la sua "pronuncia" del racconto. E rende *visibile*, nello spazio,
la poesia che esiste solo nel tempo.
Quella volta che ero fermo, davanti alla Gare d'Orsay, immensa macchina ferrosa della
modernità, rivedevo i vapori e l'ombra del quadro di Monet, un'astronave misteriosa
planata laggiù lungo la Senna... ecco, immaginai Gae che si immergeva nelle narrazioni
luminose e buie di quell'astronave in disuso... negli anni della sua costruzione, negli
anni, sì, macinati nel suo ventre, pensai alle stagioni, alle infinite storie degli uomini
e delle donne transitati sotto l'immensa volta... e vidi che risaliva alla superficie con
gli occhi, le mani, l'anima piene di prodigi... auscultando nella notte oscura di quel
monumento ormai archeologia il valore del tempo e degli anni... e la vidi, sorridente,
immaginare, in opposizione alla struttura il giardino di pietra dell'interno.
Infine, riuscimmo a lavorare insieme. Quando progettò le scene de *Lo stesso mare* per
il Teatro Petruzzelli (musica di Fabio Vacchi, testo di Amos Oz) Gae impostò una scena
che sfruttasse al massimo grado il senso della verticalità – cunicoli di scale altissime
eppure strette, dai muri alti come trince – e pendesse sospesa imminente sull'orchestra
come una rupe. Eppure sembrava essere stata lì da sempre, una sorta di monolite
kubrickiano affiorato in uno spazio teatrale: geometrico, templare, levitico, sperduto.
Cantanti e narratori agivano in quell'immenso spazio, in quella specie di castello
di un altro pianeta, che ad ogni movimento drammaturgico dava l'impressione
di una continuazione: che la scena visibile non fosse che la parte di una scena più
grande e invisibile; che i personaggi e le azioni proseguissero nello spazio come
momenti casuali, sporadiche emergenze. Come se non gli esseri umani, né le azioni,
né le storie, fossero destinati a durare, ma invece lo spazio, la scena, la struttura.
Lei stessa la si incontrava, piccola elegantissima e tosta, seduta in un angolo pieno
d'ombra, ad aspettare la fine della musica e del giorno. Aveva progettato anche un
gabbiano, il deserto, e un prato – la Natura – in una scena fatta di incroci ferrei di linee,
una drammaturgia dello spazio implacabile. Natura e Storia, i grandi ordini
in contraddizione, si parlavano su quel palcoscenico riscritto spazialmente.
È forse, del resto, uno specifico di tutta l'architettura di Gae Aulenti. Immaginare
lo spazio come un luogo del pensiero, come officina dell'incontro, come transizione
della comunicazione, come proposizione della conoscenza. Esistere spazialmente –
e la scenografia de *Lo stesso mare* lo conferma e lo dimostra – era esso stesso un atto
di forza e l'esito di una lotta. Un fatto dolcemente perentorio e violento, anche lì,
in quell'opera mediterranea ed elegiaca.

It is, that of architects, a work akin to a stage director's: it is a translation into spatio-temporal terms of a thought. Rather, of a drama. Similarly to a director, an architect also sees space as flooded with narrations that need to be identified and chased among their chaos, to be able to capture, at the intersections between them, an order, a structure. A *cosmos*, indeed. An architect writes on a stage (city, countryside, factory, house, or object) her interpretation and "pronunciation" of a story. And she makes poetry, which exists only in a temporal dimension, *visible* in a spatial one.

That time I was standing in front of Gare d'Orsay – an enormous, ferrous machine of modernity – I could see the steam and shadow of Monet's painting, and it looked like a mysterious spaceship landed over there, on the Seine's bank... now, I could imagine Gae plunging in that abandoned spaceship's bright and dark tales... in the years of its construction, those years, grounded in its belly, I thought about passing seasons, about the infinite stories of all the men and women that had walked under its immense vault... and I saw her surfacing with her eyes, hands, and soul full of marvels... closely listening to the dark night of that monument, which was already an archaeological piece, to recover the preciousness of time and years gone by... and I saw her, smiling, while she was imagining the interior's rock garden, in striking contrast to the exterior structure.

Finally, we managed to work together. When she designed the set for *Lo stesso mare* at Teatro Petruzzelli (music by Fabio Vacchi, play by Amos Oz), Gae conceived a scenery that could use space to emphasise its vertical dimension to the utmost – vertiginous stairs, narrow like tunnels nestled in high trench-like walls – and that would be suspended upon the orchestra, close above like a cliff. Nevertheless, the scene looked like it had always been there, as if it were a sort of Kubrickian monolith emerging on a theatre stage: geometrical, templar, levitic, isolated. Singers and storytellers would act in that enormous space, in that sort of castle coming from another planet, which gave a sense of progression to every dramatic move. The scenery conveyed the message that the visible set was but a portion of a larger, invisible set, and that characters and actions would continue to exist in that space as random moments, occasionally surfacing.

It was as if the set, its structure and its space were the only things destined to last, instead of human beings, their actions, their stories. And Gae, you could see her, tiny, elegant and tough, sitting in a corner in the shade, waiting until the end of the music and of the day. She had also designed a seagull, a desert, and a meadow – i.e. Nature – in a scene made of iron crossing lines, to express the dramatic sense of a relentless space.

Nature and History, the two opposed big categories, could communicate with each other on that spatially-rewritten stage.

After all, this is perhaps a peculiarity of Gae Aulenti's whole architectural oeuvre. Imagining space as a metaphysical place, as a melting pot, as a communication transition, as a proposition of knowledge.

To exist spatially was in itself an act of force and the outcome of a fight – the set for *Lo stesso mare* confirms and proves this. It was a gentle yet dogmatic and violent matter of fact, even there, in that Mediterranean and elegiac play.

Il museo è un luogo di alta pedagogia,
l'atto della visita rappresenta un vero lavoro,
è un acceleratore di coscienze e di pensiero.
Il rapporto con l'opera d'arte è sempre
inquietante e produttore di riflessioni.
Per l'architettura questo vuol dire essere sensibili
al problema del rapporto percettivo raccolto
e ravvicinato con l'opera d'arte. Lavorare con
principi di stimolazione e non di guida alla
percezione, che si misurano attraverso artifici
architettonici: chiusura e apertura dei percorsi,
autonomia e integrazione spaziale, sosta e
movimento, osservazione separata e moltiplicata
delle opere, ma anche confronti prospettici.

*The museum is a place of high education, the visit
is hard work, it is an accelerator of consciousness
and thought. The relationship with the artwork is
always unsettling and thought-provoking. For the
architecture this means being sensitive to the problem
of the intimate and close perceptual relationship
with the art piece. Working with principles that
stimulate rather than guide perception, and
that measure up against architectural artifice:
closing and opening paths, spatial autonomy and
integration, pause and movement, separate and
multiple observation of works, but also comparing
perspectives.*

I MUSEI
MUSEUMS

MUSÉE D'ORSAY / 1986
PARIS

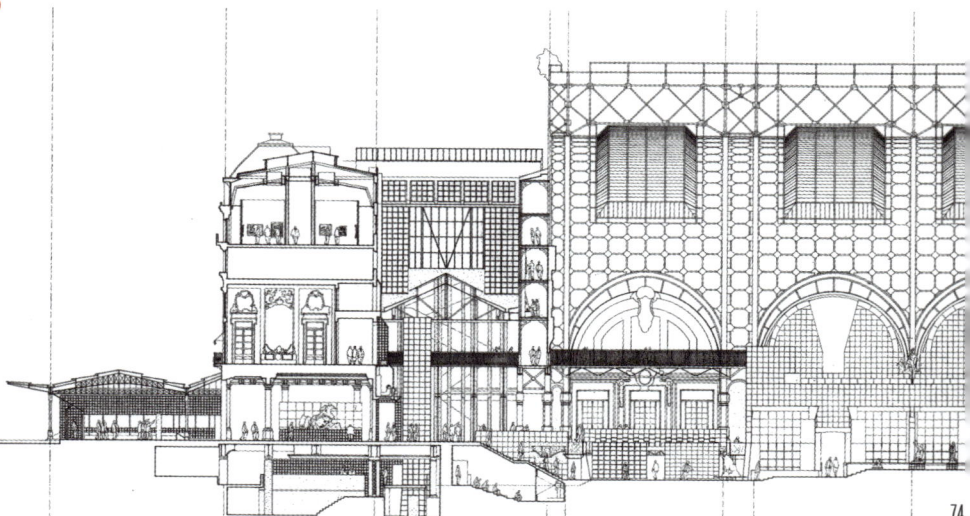

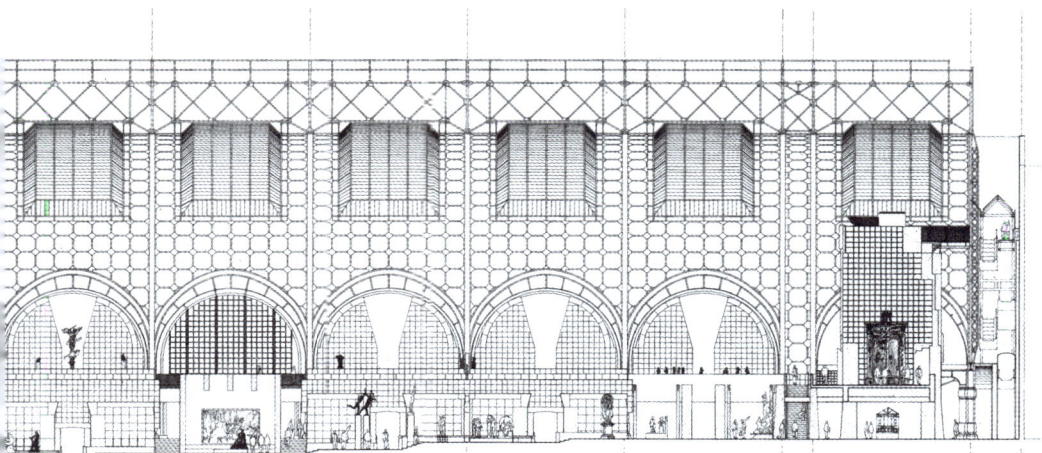

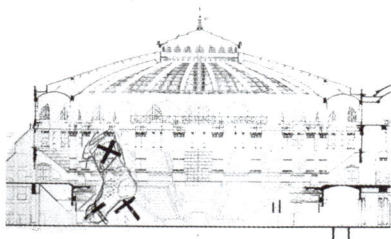

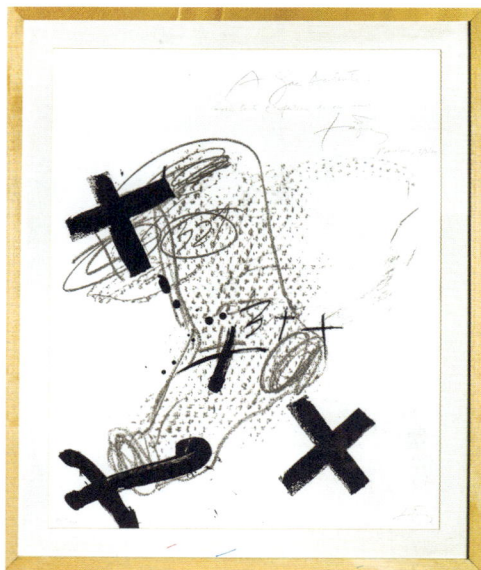

MUSEU NACIONAL D'ART DE CATALUNYA / 1997
BARCELONA

L'architettura nella quale mi piacerebbe riconoscermi deriva da tre capacità fondamentali di ordine estetico e non morale.
La prima è quella analitica, nel senso che dobbiamo saper riconoscere la continuità delle tracce urbane e geografiche sia concettuali che fisiche, come essenze specifiche dell'architettura.
La seconda è quella sintetica, cioè quella di saper operare le sintesi necessarie a rendere prioritari ed evidenti i principi dell'architettura.
La terza è quella profetica, propria degli artisti, dei poeti, degli inventori.

The architecture I would like to identify with comes from three basic abilities on an aesthetic rather than a moral level.
The first is the analytical one, in the sense that we have to be able to recognise the continuity of urban and geographical traces, both conceptual and physical ones, as the essence proper to architecture.
The second is the synthetic one, that is being able to reach a synthesis which emphasises and clarifies the main principles of architecture.
The third is the prophetic one, that only artists, poets, inventors have.

L'ARCHITETTURA
ARCHITECTURE

P.tta Gagliardi →

SCUOLA MATERNA / 2003
VILLAR PEROSA (TO)

PALAVELA / 2005
TORINO

PALAZZO BRANCIFORTE / 2012
PALERMO

AEROPORTO INTERNAZIONALE DELL'UMBRIA / 2012
PERUGIA

Gae Aulenti nasce nel 1927 a Palazzolo dello Stella in provincia di Udine. La sua formazione si costruisce tra Firenze e Torino durante gli anni della guerra, al termine della quale sceglie di trasferirsi a Milano. Si laurea al Politecnico nel 1953 ed è a Milano che esercita la sua attività professionale, percorrendone trasversalmente diversi settori, quali la progettazione architettonica, l'interior e l'industrial design e la scenografia teatrale.
Dal 1955 al 1965 è nella redazione di "Casabella-Continuità" diretta da Ernesto Nathan Rogers, un luogo centrale per il dibattito architettonico di quegli anni, dove porrà le basi per la sua identità professionale.
Già dai primi anni i suoi progetti esprimono la volontà di legare insieme i molteplici aspetti della disciplina architettonica. Numerosi i prodotti di industrial design nati per completare i progetti architettonici. Tra i più noti la lampada *Pipistrello* e *King Sun* per gli Showroom Olivetti di Parigi e Buenos Aires (1966-67) e, con Piero Castiglioni, la lampada *Bugia* per il Musée d'Orsay (Parigi, 1986) e la lampada *Cestello* per Palazzo Grassi (Venezia, 1986). I suoi oggetti, realizzati con ditte come Knoll, Fontana Arte, Kartell e Artemide, non sono mai puramente decorativi, ma sono il completamento dello spazio architettonico in cui sono inseriti.
Negli anni Ottanta realizza il Musée d'Orsay (1980-86), trasformando la Gare d'Orsay di Parigi in uno tra i più importanti musei d'arte del mondo.

Gae Aulenti was born in 1927 in Palazzolo dello Stella, near Udine. Her education took place between Florence and Turin during the war, and afterwards she decided to move to Milan. She graduated at the Polytechnic University in 1953, and in Milan she started her professional career, spanning over different areas, such as architectural planning, interior and industrial design and set design.
From 1955 to 1965 she was in the editorial staff of "Casabella-Continuità" directed by Ernesto Nathan Rogers, a forum of architectural debate in those years, where she would lay the foundations for her professional identity. Since her early years, her designs already showed the intention to encompass the many facets of architecture.
Many were the industrial design products created to complete her architecture projects. Amongst the most famous ones, *Pipistrello* and *King Sun* lamps for Olivetti showrooms in Paris and Buenos Aires (1966-67) and, together with Piero Castiglioni, *Bugia* lamp for the Musèe d'Orsay (Paris, 1986) and *Cestello* lamp for Palazzo Grassi (Venice, 1986). Her objects, made with manufacturers like Knoll, Fontana Arte, Kartell and Artemide, never were merely decor but completed the architectural space they were placed in.
In the 1980s she designed the Musée d'Orsay (1980-86), turning Gare d'Orsay in Paris into one of the most important art museums in the world. It would be followed by the new museum display

Seguiranno il nuovo allestimento del Musée National d'Art Moderne al Centre Pompidou (1982-85) e la ristrutturazione di Palazzo Grassi a Venezia (1985-86), per il quale cura numerose mostre temporanee, da "Futurismo & Futurismi" (1986) fino a "Da Puvis de Chavannes a Matisse e Picasso. Verso l'Arte Moderna" (2002). I progetti di allestimento sono occasione di interazione tra architetture e arte: gli elementi espositivi non sono subordinati agli oggetti esibiti, ma interferiscono con essi generando un dialogo. Tra i più significativi si

of the Musée National d'Art Moderne at the Centre Pompidou (1982-85) and the restoration of Palazzo Grassi in Venice (1985-86), for which she curated many temporary exhibitions, from "Futurismo & Futurismi" (1986) to "Da Puvis de Chavannes a Matisse e Picasso. Verso l'Arte Moderna" (2002). Museum design projects are an opportunity to make architecture and art interact: display elements are not subservient to the objects displayed, but interfere with them and create a dialogue. The most significant ones include the exhibition design for the

annoverano l'allestimento per la mostra "I Fenici" a Palazzo Grassi (1988), l'esposizione "The Italian Metamorphosis 1943-1968" al Guggenheim Museum di New York (1994), l'esposizione "1951-2001 Made in Italy?" alla Triennale di Milano (2001). Con Germano Celant, nel 2004, realizza la mostra "Arti & Architettura 1900-2000" presso il Palazzo Ducale di Genova e nel 2012 l'allestimento per mostra "Aldo Rossi. Teatri" alla Fondazione Vedova di Venezia.

Parallelamente alla produzione architettonica, Gae Aulenti sviluppa un profondo rapporto con il teatro. Nel 1975 avvia un'intensa collaborazione con Luca Ronconi, con cui progetta le scenografie per alcuni tra i più importanti spettacoli del periodo. Di particolare rilevanza, il Laboratorio di Progettazione Teatrale di Prato (1976-1978) con gli spettacoli *La Torre* di Hugo von Hofmannsthal, *Calderón* di Pier Paolo Pasolini e le *Baccanti* di Euripide, per i quali vince il Premio Ubu alla scenografia. Tra gli altri spettacoli si segnalano *Donnerstag aus Licht* (1981) e *Samstag aus Licht* (1984) di Karlheinz Stockhausen; il *Il viaggio a Reims* (1984) di Gioacchino Rossini, diretto da Claudio Abbado, e lo *Zar Saltan* (1988) di Rimskij-Korsakov. Nel 2011 lavora alle scenografie de *Lo stesso mare* di Fabio Vacchi, per la regia di Federico Tiezzi. Della sua produzione architettonica si segnalano: il nuovo accesso alla stazione S. Maria Novella a Firenze (1990);

show "I Fenici" at Palazzo Grassi (1988), the exhibitions "The Italian Metamorphosis 1943-1968" at the Guggenheim Museum in New York (1994), "1951-2001 Made in Italy?" at the Triennale in Milan (2001). Together with Germano Celant, in 2004, she curated the exhibition "Arti & Architettura 1900-2000" at Palazzo Ducale in Genoa, and in 2012 she designed the show "Aldo Rossi. Teatri" at Fondazione Vedova in Venice. Alongside her architectural work, Gae Aulenti developed a strong relationship with theatre. In 1975 she started a close collaboration with Luca Ronconi, with whom she designed the sets for some of the most important plays of the time. Of special significance were the Laboratorio di Progettazione Teatrale in Prato (1976-1978), with the plays *The Tower* by Hugo von Hofmannsthal, *Calderón* by Pier Paolo Pasolini and Euripides' *The Bacchae*, for which she won the Premio Ubu for set design. Other noteworthy plays were *Donnerstag aus Licht* (1981) and *Samstag aus Licht* (1984) by Karlheinz Stockhausen; *Il viaggio a Reims* (1984) by Gioacchino Rossini, directed by Claudio Abbado, and *Zar Saltan* (1988) by Rimskij-Korsakov. In 2011 she worked on the set designs for *Lo stesso mare* by Fabio Vacchi, directed by Federico Tiezzi. Of her architectural work the following need be mentioned: the new access to S. Maria Novella railway station in Florence (1990); Palazzo Italia

Palazzo Italia all'EXPO '92 di Siviglia; la nuova Galleria per Esposizioni Temporanee alla Triennale di Milano (1994); la conversione in museo delle ex-Scuderie Papali presso il Quirinale a Roma, inaugurate con la mostra "I Cento Capolavori dell'Ermitage. Impressionisti e Avanguardie" (1999); la riqualificazione di piazzale Cadorna a Milano (2000); le stazioni "Museo" e "Dante" della metropolitana e il ridisegno delle piazze Cavour e Dante a Napoli (1999-2002). Due importanti musei completano la sua produzione: il nuovo Asian Art Museum di San Francisco, aperto al pubblico nel 2003, e il Museo Nazionale d'Arte Catalana a Barcellona, completato nel dicembre 2004. Nel 2012 inaugura l'Aeroporto di Perugia, progettato per il 150° anniversario dell'Unità d'Italia; la ristrutturazione e il recupero di Palazzo Vetus ad Alessandria e di Palazzo Branciforte a Palermo, insieme con il progetto di riqualificazione del Complesso Sant'Agostino a Modena. Tra i premi e i riconoscimenti più importanti: Chevalier de la Légion d'Honneur (Parigi, 1987); Honorary Fellow of the American Institute of Architects (1990); Praemium Imperiale per l'Architettura dal The Japan Art Association (Tokyo, 1991); Cavaliere di Gran Croce (Roma, 1995); laurea ad honorem dalla Rhode Island School of Design (Providence, USA, 2001); Medaglia d'Oro alla Carriera (Milano, 2012).

at EXPO '92 in Sevilla; the new Galleria per Esposizioni Temporanee at the Triennale in Milan (1994); the former Scuderie Papali at the Quirinale in Rome converted into a museum, which opened with the exhibition "I Cento Capolavori dell'Ermitage. Impressionisti e Avanguardie" (1999); the redevelopment of piazzale Cadorna in Milan (2000); "Museo" and "Dante" underground stations and the redesign of piazza Cavour and piazza Dante in Naples (1999-2002). Two important museums complete her work: the new Asian Art Museum in San Francisco, which opened its doors in 2003, and the National Museum of Catalonian Art in Barcelona, finished in December 2004. Designed for the 150th anniversary of Italy's Unification, Perugia Airport opened in 2012; the restoration of Palazzo Vetus in Alessandria and Palazzo Branciforte in Palermo, together with the redevelopment project of Complesso Sant'Agostino in Modena. Amongst her most important awards and recognitions: Chevalier de la Légion d'Honneur (Paris, 1987); Honorary Fellow of the American Institute of Architects (1990); Praemium Imperiale for Architecture from The Japan Art Association (Tokyo, 1991); Cavaliere di Gran Croce (Rome, 1995); degree honoris causa from Rhode Island School of Design (Providence, USA, 2001); Medaglia d'Oro alla Carriera (Milan, 2012).

DESCRIZIONE ANALITICA DELLE IMMAGINI
ANALYTIC DESCRIPTION OF THE IMAGES

copertina cover page
Gae Aulenti, 1982

p. 1
casa house via Annunciata, 1969, foto di photo by
Aldo Ballo

p. 6
Gae Aulenti, 1982, foto di photo by Giuseppe Pino

p. 11
Gae Aulenti con with Nina Artioli, 1986, Musée d'Orsay,
foto di photo by Odino Artioli

p. 12
Gae Aulenti, 1990, foto di photo by Leonardo Cendamo

I LUOGHI DI GAE GAE'S PLACES

casa-studio house-studio Fiori Oscuri, Milano

p. 16
1992, foto di photo by Santi Caleca
2012, foto di photo by Leslie Williamson
2002, foto di photo by Mads Mogensen
2002, foto di photo by Mads Mogensen

p. 17
1992, foto di photo by Santi Caleca

p. 18
2012, foto di photo by Leslie Williamson
2002, foto di photo by Mads Mogensen

p. 19
Gae Aulenti, 1982, foto di photo by Giuseppe Pino

p. 21
2012, foto di photo by Leslie Williamson

p. 22
1992, foto di photo by Santi Caleca

p. 24
1. 2002, foto di photo by Mads Mogensen
2. mappe dei pescatori delle Isole Marshall
fishermen's maps from Marshall Islands
3. "Paesaggio", Tullio Pericoli, 2010
4. "TalvoltaSoleTalvoltaLuna", Alighiero Boetti, 1988

p. 25
2012, foto di photo by Leslie Williamson

p. 26
Gae Aulenti in studio, 1978, foto di photo by Carla De
Benedetti
Gae Aulenti in studio, 1978, foto di photo by Mauro
Galligani

p. 27
2010, foto di photo by Emanuele Zamponi

casa house La Rosa, Santa Cristina di Gubbio

p. 29
1984, foto di photo by Carla De Benedetti

p. 30
Nell'orto In the garden: Odino Artioli, 1987, foto di
photo by Giovanna Buzzi

p. 32
1989, foto di photo by Mia Serra
Gae Aulenti con with Luca Ronconi nel giardino in the
garden, 1993

p. 33
Sotto il portico Under the porch: Pietro Artioli, Olga
Aulenti, Giovanna Buzzi, Gae Aulenti, Oriol Bohigas,
Toni Llena, Nina Artioli, Beth Gali, 1990, foto di photo
by Toni Bernard
1984, foto di photo by Carla De Benedetti

IL DESIGN E GLI SHOWROOM DESIGN AND SHOWROOMS

p. 36 Sgarsul / 1962
Gae Aulenti e and Sgarsul, 1962

p. 37 Rimorchiatore / 1967
foto di photo by Aldo Ballo

p. 38 Pipistrello / 1966
foto di photo by Aldo Ballo

p. 39 Showroom Olivetti / 1967 / Paris
foto di photo by RM

p. 40 Showroom Olivetti / 1968 / Buenos Aires
foto di photo by Erich Hartmann

p. 42 Ruspa / 1967
foto di photo by Aldo Ballo

p. 45 Showroom Fiat / 1970 / Zürich
foto di photo by Gianni Berengo Gardin

GLI ALLESTIMENTI EXHIBITION

pp. 48-49 Casa detta "del collezionista" / 1968 / Milano
foto di photo by Ugo Mulas

pp. 50-51 Olivetti Formes et recherche / 1969-72
mostra itinerante travelling exhibition

1. Gae Aulenti con il team Olivetti with the Olivetti team, foto di photo by Ugo Mulas
2-3-4. planimetria dell'allestimento exhibition plan Madrid, Barcelona, London, 1970
5. foto di photo by Ugo Mulas

pp. 52-53 Italy: the New Domestic Landscape / 1972 / MoMA, New York
mostra a cura di exhibition by Emilio Ambasz

1. assonometria axonometry
2. backstage del video backstage of the video
3. foto di photo by Valerio Castelli

pp. 54-55 Christo. Valley Curtain / 1973 / Rotonda della Besana, Milano
mostra a cura di exhibition by Germano Celant

1. pianta e sezione plan and section
2. foto di photo by Antonia Mulas
3. "Running Fence", Christo, 1976, disegno di progetto project drawing
4. "Valley Curtain", Christo, 1971-72, collage tessuto su foto collage fabric on photo
5. Valley Curtain, Christo, 1971-72, Grand Hogback, Rifle, Colorado, foto di photo by Shunk-Kender

IL TEATRO THEATRE

pp. 58-59 *Calderón*
di by Pier Paolo Pasolini
Teatro Metastasio / 1978 / Prato
regista director Luca Ronconi

1. foto di scena di stage photo by Marcello Norberth
2. Gae Aulenti durante le prove dello spettacolo during the rehearsals
3. Premio Ubu, Alighiero Boetti, 1977

pp. 60-61 *La torre*
di by Hugo von Hoffmanstahl
Il fabbricone / 1978 / Prato
regista director Luca Ronconi

1. bozzetti per la scenografia drawings of the scenery
2. foto di scena di stage photo by Marcello Norbert
3. movimenti di scena stage movements

pp. 62-63 *Il viaggio a Reims*
di by Gioacchino Rossini
Teatro alla Scala / 1985 / Milano
direttore d'orchestra conductor Claudio Abbado
regista director Luca Ronconi

1. Gae Aulenti con with Luca Ronconi, 2005, foto di photo by Amati Bacciardi
2. bozzetto della scenografia drawing of the scenery
3. foto di scena di stage photo by Lelli&Masotti
4. foto di scena di stage photo by Tilde de Tullio

pp. 64-65 *La Fiaba dello Zar Saltan*
di by Rimskij-Korsakov
Teatro Romolo Valli / 1988 / Reggio Emilia
direttore d'orchestra conductor Vladimir Fedossev
regista director Luca Ronconi

1. bozzetti della scenografia drawings of the scenery
2. foto di scena di stage photo by Lelli&Masotti

pp. 66-67 *Lo stesso mare*
di by Fabio Vacchi
basato su un libro di based on a book by Amos Oz
Fondazione Lirico Sinfonica Teatro Petruzzelli di Bari
/ 2011 / Bari
direttore d'orchestra conductor Alberto Veronesi
regista director Federico Tiezzi

1. pianta e sezione della scenografia plan and section
of the scenery
2-3-5. foto di scena di stage photo by Odino Artioli
4. Gae Aulenti con with Alberto Veronesi, Yulia
Aleksyuk, Federico Tiezzi, foto di photo by Carlo Cofano

pp. 69-70
foto di scena di stage photo by Odino Artioli

I MUSEI MUSEUMS

pp. 74-75 Musée d'Orsay / 1986 / Paris

1. quadro con dediche regalato a Gae Aulenti
per l'inaugurazione del Musée d'Orsay gift with
signatures to Gae Aulenti for the inauguration of the
Musée d'Orsay, 1986
2. Gae Aulenti con with François Mitterrand
durante una visita al cantiere during a visit in the
construction site, 1981
3. Gae Aulenti nella Gare d'Orsay prima dei lavori in
the Gare d'Orsay before the starting of the works, 1980
4. foto di photo by Mario Carrieri
5. sezione longitudinale longitudinal section

pp. 75-76 Museu Nacional d'Art De Catalunya
/ 1997 / Barcelona

1-4. foto di photo by Lluís Casals
2. sezione del Gran Saló con "El mitcho", scultura
alta 18 m, non realizzata section of the Gran Saló with
"El mitcho", sculpture 18 m high, not realized
3. "El mitcho", Antoni Tàpies, 1994
5. Gae Aulenti nel in the Gran Saló, 1997

pp. 78-79 Palazzo Grassi / 1986 / Venezia

1. allestimento della mostra exhibition "Futurismo & Futurismi", 1986, foto di photo by Giovanni Ummarino
2. Gae Aulenti con with Giovanni Agnelli, 1988, foto di photo by Archivio Fiat
3. allestimento della mostra exhibition "Espressionismo Tedesco", 1998
4. allestimento della mostra exhibition "Futurismo & Futurismi", 1986, foto di photo by Gabriele Basilico
5. allestimento della mostra exhibition "Balthus" 2002, foto di photo by Osvaldo Boam
6. allestimento della mostra exhibition "Andy Warhol", 1990, foto di photo by Graziano Arici & Mark Smith
7. Gae Aulenti con with Emilio Mieli, direttore di director of Palazzo Grassi, 1988
8. allestimento della mostra exhibition "I Fenici", 1988, foto di photo by Graziano Arici & Mark Smith

pp. 80-81 New Asian Art Museum / 2003 / San Francisco

1-3-4-5. foto di photo by Roland Halbe
2. Gae Aulenti con with Andreas Grechi all'inaugurazione at the opening

L'ARCHITETTURA ARCHITECTURE

p. 84 Piazzale Cadorna / 2000 / Milano
foto di photo by Guia Sambonet

p. 85 Istituto Italiano di Cultura / 2005 / Tokyo
foto di photo by Shinkenchiku-sha

p. 86 Stazione metropolitana Museo / 2001 / Napoli
Statua di Statue of Eracle Farnese
foto di photo by Pino Guidolotti

p. 87 Stazione metropolitana Dante / 2002 / Napoli
Senza titolo Untitled, Jannis Kounellis, 1965
foto di photo by Peppe Avallone

p. 88 Scuola materna / 2003 / Villar Perosa / Torino
foto di photo by Roland Halbe

p. 89 Palavela / 2005 / Torino
foto di photo by Roland Halbe

p. 90 Palazzo Branciforte / 2012 / Palermo
foto di photo by Ezio Ferreri

p. 91 Aeroporto Internazionale dell'Umbria / 2012 / Perugia
foto di photo by Federico Ventriglia

p. 93
Gae Aulenti, 1988, foto di photo by Hans Visser

p. 95
Gae Aulenti, 1982, foto di photo by Giuseppe Pino

p. 102
Nina Artioli, Gae Aulenti, Giovanna Buzzi, Santa Cristina di Gubbio, 1985, foto di photo by Odino Artioli

pp. 104
Santa Cristina di Gubbio, 1988, foto di photo by Odino Artioli

Quando mia figlia Nina ha deciso di fare l'architetto, io (che per tutta la vita, proprio per l'ingombrante fardello di tale madre, ho sempre avuto chiara l'idea di stare alla larga dall'architettura) mi sono trovata come il prosciutto di un panino imbottito.
Da una parte Gae, felice e orgogliosa, ma guai a farlo vedere! Con l'ossessione, anche esagerata, di non voler condizionare in nessun modo l'adorata nipotina.
Dall'altra Nina, che cercava con fatica, intelligenza e cocciutaggine (questo dato è comunque nel DNA familiare) il proprio percorso.
Entrambe, mosse da grande curiosità, avrebbero senz'altro desiderato un maggiore scambio di idee sui loro adorati mestieri, e invece andava a finire che tutte e due mi dicevano: "Ma non pensi che la Nina dovrebbe...", "Per piacere mamma puoi chiedere alla Gae..."
Ora, naturalmente, è Nina che si occupa dell'Archivio Gae Aulenti e che ha curato questa mostra, e quindi sono felice e curiosissima di vedere mia madre attraverso i suoi occhi.

When my daughter Nina decided to become an architect, I (who had always steered clear of architecture, to avoid the burden of the comparison with such a talented mother), I found myself like ham in the middle of a sandwich.
On one hand, there was Gae, pleased and proud of her – but she would have never shown it! –, with her almost obsessive scruple about not influencing her beloved granddaughter.
On the other, there was Nina, who was trying to find her path with effort, cleverness, and stubbornness (the last runs in our family's DNA).
Both animated by a great inquisitive spirit, they would have undoubtedly wished to exchange more ideas on their beloved job, but they always ended up saying: "Don't you think that Nina should...", "Mum, please, could you ask Gae..."
Now Nina directs the Archivio Gae Aulenti and has curated this exhibition, so I am delighted and very curious to see my mother through her eyes.